AF509541

TARIF

DE TOUTES LES DIMINUTIONS,

Augmentations & Fabrications des Especes d'Or, d'Argent & de Cuivre, depuis l'Edit du mois de Decembre 1689. qui ordonnoit une nouvelle fabrication, jusqu'à ce jour premier Octobre 1725. Accompagné des dattes de tous les Edits qui ont ordonné quelques fabrications ou reformes, & de celles des Arrêts du Conseil qui ont augmenté lesdites Especes, & qui en ont indiqué les diminutions.

Le tout exactement recueilli pour l'utilité du Public.

A SAINT OMER,

Chez MARTIN DOMINIQUE FERTEL Imprimeur & Marchand Libraire, ruë des Epéers. 1725.

AVEC PERMISSION.

EXPLICATION

Des Marques & Empreintes des Louis d'Or & Ecus repris au present Tarif.

LEs Louis d'Or de 30. au marc, fabriqués par Edit du mois de Mai 1709. portent l'empreinte de 8. L, & d'un Soleil au milieu.

Les Ecus de 8. au marc, fabriqués en execution du même Edit, ont l'empreinte de 3. Couronnes, comme aussi les demis, quarts & dixièmes.

Les Louis d'Or. fabriqués ou reformés par Edit de Decembre 1715. sont de 30. au marc & portent l'empreinte de l'Ecu de France & deux batons royaux.

Les Ecus fabriqués ou reformés, en vertu du même Edit, portent l'empreinte de l'Ecu de France, comme les demis, quarts & dixièmes.

Les Louis d'Or de 20. au marc, fabriqués par Edit de Novembre 1716. ont l'empreinte des Armes de France & de Navare.

Les Louis d'Or, fabriqués en consequence de l'Edit du mois de Mai 1718. qui sont de 25. au marc, ont l'empreinte d'une Croix de malte & l'Ecu de France au milieu.

Les Ecus de 10. au marc, de la même fabrication, ont l'empreinte des Armes de France & de Navarre, comme les demis, quarts, dixièmes, sixièmes & douzièmes.

Les pieces appellées Louis d'Argent fin, par Edit de Decembre 1719. ont l'empreinte de deux L.

Les tiers d'Ecus, fabriqués par Edit de Mars 1720. ont l'empreinte de huit L.

Les Louis d'Or de 25. au marc, fabriqués & reformés en consequence de l'Edit de de Septembre 1720. ont l'empreinte de deux L. & de trois Fleurs de Lys.

Les Ecus de 10. au marc, fabriqués & reformés en vertu du même Edit, ont l'empreinte de l'Ecus de France en plein, comme les demis, tiers d'Ecus, sixièmes &c.

Les Ecus de 10. un quart au marc, fabriqués par Edit de Septembre 1724. ont pour empreinte huit L, & quatre Couronnes.

Jusqu'en 1709. les Louis ont été de trente-six un quart au marc, & ont eu differentes empreintes ; on les appelle Louis vieux, comme les Ecus de 9. au marc sont appellés Ecus vieux, & ont eu également differentes empreintes.

VALEUR DES ESPECES D'OR ET D'ARGENT.

Les Fabrications, augmentations & diminutions indiquées sur les especes depuis l'Edit du mois de Decembre 1689. qui ordonnoit une nouvelle Fabrication des Especes d'Or & d'Argent, & la reformation de celles qui avoient cours avant ledit Edit.

SÇAVOIR;

	Livres.	Sols.	Deniers.
Par Edit du mois de Decembre 1689. il fut ordonné que les Louis d'Or, tant de la nouvelle fabrication que réformés auroient eu cours au premier Janvier 1690. pour ..	12	10	
Les Ecus pour	3	6	
Les demis quarts &c. à proportion.			
Par la Declaration du 28 Août 1691. les Pieces qui avoient cours pour trois sols six deniers, furent reformées & eurent cours pour		4	
Par Arrêt du 22. Juillet 1692. les Louis reformés ont été diminués au premier Août ensuivant de 5. sols & n'ont eu cours que pour	12	5	
Les Ecus de la même fabrication pour	3	5	
Par Edit du mois d'Octobre 1692. les Sols marqués, appellé Douzains, furent reformés, & l'on en Fabriqua qui eurent cours pour		1	3
Par Arrêt de Decembre 1692. les Louis d'Or furent reduits au premier Janvier ensuivant à	12		
Les Ecus à	3	4	
Par la Declaration du 9. Juin 1693. l'on fabriqua des Liards qui eurent cours pour			3
Par Arrêt du 16. Juin 1693. les Louis d'Or furent reduits premier Juillet ensuivant à	11	15	
Les Ecus à	3	3	

Par Arrêt des 16. Juin & 26. Juillet 1693. les Louis d'Or furent reduits, à commencer au 1. Août enſuivant à	11	10	
Les Ecus à	3	2	
Par Edit de Septembre & Declaration du 11. Octobre 1693. les Louis reformés eurent cours au premier jour dudit Octobre pour	14		
Les Ecus pour	3	12	
Le premier Janvier 1700. leſdites eſpeces furent reduites : Sçavoir ; Les Louis d'Or à	13	15	
Les Ecus à	3	11	
Le 1. Fevrier les Louis d'Or furent reduits à . . .	13	10	
Les Ecus à	3	10	
Le 1. Avril les Louis d'Or à	13	5	
Les Ecus à	3	9	
Le premier Juin les Louis d'Or à	13		
Les Ecus à	3	8	
Par Arrêts des 30 Novembre & 21. Decembre 1700. les Louis d'Or furent reduit au premier Janvier 1701 à . .	12	15	
Les Ecus à	3	7	
Les Pieces de quatre ſols à		3	9
Le 1. Avril enſuivant les Louis d'Or à	12	10	
Les Ecus à	3	6	
Par Arrêt du 28. Juin 1701. les Louis d'Or furent reduits au premier Juillet à	12		
Les Ecus à	3	5	
Les demis, quarts & douziémes à proportion.			
Par Arrêt du 19. Septembre 1701. les Louis d'Or eurent cours dés ledit jour pour	12	10	
Les Ecus pour	3	7	6
Les demis, quarts & douziémes à proportion.			

Par la Declaration du 27. Septembre 1701. les Louis d'Or eurent cours pour **13**
Les Ecus pour . . . . **3** | 10
Les demis, quarts & douziémes à proportion.
Les Pieces de trois sols neuf deniers pour **4**

Par Edit du mois de Septembre & Declaration du 27. dudit mois 1701. les Louis d'Or de nouvelle fabrication reformés eurent cours au quatre Octobre pour **14**
Les Ecus pour . . . . , **3** | 16

Par la Declaration du 14. Mars 1702. les pieces de quatre sols furent reformées, & eurent cours pour . . . **5**

Par Arrêt du 22. Août 1702. les Louis d'Or furent reduits au premier Septembre ensuiuant à . . . . **13** | 15
Les Ecus à . . . . **3** | 14
Les pieces de cinq sols à . , ... **4** | 10

Par Arrêt du 17. Octobre 1702. les Louis d'Or furent reduits au premier Janvier 1703. à . . . . **13** | 10
Les Ecus à . . . . **3** | 12
Les pieces de cinq sols à . . . . **4** | 8
Les pieces de quatre sols à . . . . **3** | 11

Par la Declaration du 29. Mai 1703. il fut fabriqué des pieces de dix sols qui avoient cours pour . . . . | 10

Par Arrêt du 14. Juillet 1703. les Louis d'Or furent reduits au premier Août ensuivant à . . . . **13** | 5
Les Ecus à . . . . **3** | 11
Les pieces de cinq sols reformées à . . . . **4** | 9

Par Arrêt du 21. Août 1703. les Louis d'Or furent reduits au premier Octobre ensuivant à **13**
Les Ecus à . . . . **3** | 10

	l.	s.	d.
Par Arrêt du 30. Octobre 1703. les Louis d'Or reformés ou non reformés furent reduits ledit jour à . . .	13		
Les Ecus ou Louis d'Argent à	3	10	
Les pieces de cinq sols à		4	9
Les pieces de quatre sols reformées à		3	10
Les sols à		1	3
Par Arrêt du premier Avril 1704. les Louis d'Or furent reduits au premier Mai ensuivant à	12	15	
Les Ecus à.	3	9	
Les demis, quarts &c. à proportion.			
Les pieces de cinq sols pour		4	6
Par le même Arrêt les Louis furent reduits au 15. Mai à .	12	10	
Les Ecus à	3	8	
Par Edit du mois de Mai 1704. l'on fabriqua des Especes, & on reforma les anciennes ; les Louis d'Or pour ..	15		
Les Ecus pour	4		

☞ *Nota que le 1. Novembre 1704. les Especes non reformées furent decriées dans le commerce, permis néanmoins de les mettre aux Hôtels des Monnoyes & Bureaux de Sa Majesté sur le pied ; Sçavoir,*

	l.	s.	d.
Les Louis d'Or de treize livres à	12	10	
Les Ecus de trois livres dix sols à	3	3	
Par Arrêt du 20. Janvier 1705. les Louis d'Or neufs & reformés furent reduits le premier Fevrier à	14	15	
Les Ecus à	3	19	
Par Arrêt du 19. Mai 1705. les Louis d'Or furent reduits au premier Juillet ensuivant à	14	10	
Les Ecus à	3	18	
Par Arrêt du 7. Juillet 1705. les Louis d'Or furent re-			

duit au premier Septembre ensuivant à	14	5	
Les Ecus à	3	17	6

Nota qu'au mois de Novembre 1705. les especes non reformées furent permises dans le commerce, & eurent cours comme les nouvelles.

Par Arrêt du 17. Septembre 1705. les Louis d'Or furent reduits au premier Janvier 1706. à	14		
Les Ecus tant vieux que neufs à	3	16	
Le premier Mars 1706. les Louis d'Or furent reduits à .	13	15	
Les Ecus à . , ...	3	14	
Par Arrêts des 25. Mai & 8. Juin 1706. les Louis d'Or furent reduits au premier Juillet ensuivant à	13	10	
Les Ecus à	3	12	
Les pieces de dix sols à		9	6
Par Arrêt du 27. Novembre 1706. les Louis d'Or furent reduits au 1. Janvier 1707. à	13	5	
Les Ecus à . . . . , ...	3	11	
Par Arrêt du 9. Août 1707. les pieces de neuf sols six deniers ont été remises le quinze dudit mois à		10	
La Declaration du 9. Août 1707. ordonne la fabrication des pieces de vingt sols	1		
Par Arrêts des 31. Janvier & 14. Fevrier 1708. les Louis furent reduits au premier Mars à	13		
Les pieces de vingt sols à		18	
Celles de dix sols à		9	
Le premier Avril 1708. les Ecus à	3	10	
Les pieces de dix-huit sols à		17	

	l.	s.	d.
Les pieces de neuf sols à		8	6
Les pieces de quatre sols six deniers à		4	3
Par Arrêt du 17. Avril 1708. les pieces de dix-sept sols furent reduites au premier Juin à		16	
Les pieces de huit sols six deniers à		8	
Les pieces de quatre sols trois deniers à		4	
Par Arrêt du 21 Juillet 1708. les pieces de seize sols furent reduites au premier Août ensuivant à		15	6
Les pieces de huit sols à		7	9
Par Arrêt du 20. Novembre 1708. les Louis d'Or furent reduits au premier Janvier 1709. à	12	15	
Les Ecus à	3	8	
Les pieces de vingt sols à		15	
Les pieces de dix sols à		7	6
Les pieces de quatre sols à		3	9
Par Arrêt du 19. Fevrier 1709. les Louis d'Or furent reduits au seize Mars ensuivant à	12	10	
Les Ecus à	3	5	
Les pieces de vingt sols à		14	6
Les pieces de dix sols à		7	3
Les pieces de quatre sols à		3	9

☞ *Nota que depuis 1690. jusqu'à cette année 1709. les Louis ont été de 36. un quart au Marc, & les Ecus de 9. au marc.*

Au mois d'Avril 1709. il y eut un Edit qui ordonnoit une nouvelle fabrication de Louis d'Or à 16. liv. 10. sols, & les Ecus à 4. livres 8. sols.

Le Roi donna un autre Edit au mois de Mai 1709. qui fut enregistré en la Cour des Monnoyes le 14. dudit mois qui ordonnoit ce qui suit: Sçavoir, qu'il seroit fabriqué des Louis

d'Or

d'Or de 20. liv. des doubles & demis : ces Louis étant ceux de 30. au marc, armoyés de 8. L, & un Soleil au milieu, & les Ecus qui furent de 8. au marc pour 5. livres qui font appellés les Ecus aux trois Couronnes; & par le même Edit il fut ordonné que jufqu'à la fin d'Août 1709. les Louis d'Or & les Ecus, pieces de 20. fols & de dix fols, tant fabriquées que reformées avant le prefent Edit, feroient reçûes & expo- fées, Sçavoir;

Les Louis pour	12	10	
Les Ecus pour	3	7	
Les pieces de 20. fols pour		14	6
Les pieces de dix pour		7	3
Les pieces de quatre fols pour		3	9

☞ *Nota qu'il fut fait deffenfe de recevoir lefdites Efpeces fur un plus haut pied à peine de confifcation, comme il eft plus amplement porté par ledit Edit.*

Par Arrêt du 14. Mai 1709. les anciens Louis d'Or ont été mis à

été mis à	13		
Les anciens Ecus à	3	10	
Les pieces de vingt fols à		14	6
Les pieces de dix fols à		7	3

Par Arrêt du 4. Juin 1709. les anciennes efpeces ont eu cours pendant ledit mois : Sçavoir;

Les anciens Louis d'Or pour	13	5	
Les anciens Ecus pour	3	12	
Les pieces de vingt fols pour		15	
Les pieces de dix fols pour		7	6

☞ *Nota que toutes les anciennes Efpeces qui ont été fabriquées en France ou dans les Pays étrangers furent & demeurerent decriées de tout cours.*

Par Arrêt du 28. Decembre 1709. lefdites efpeces pou- voient être reçûes dans les Bureaux du Roi : Sçavoir;

Les Louis d'Or pour	13	10
Les Ecus pour	3	13

B

Par Edit du mois de Septembre 1709. il fut fabriqué des pieces de trente deniers.

Et le premier Janvier 1710. jufqu'au feize les pieces de vingt fols ont valu . . . . 14 | 6

Les pieces de dix . . . . 7 | 3

Et depuis le feize Janvier jufqu'à la fin dudit mois les pieces de vingt fols ont valu 14

Les pieces de dix fols 7

Par Arrêt du 30. Septembre 1713. il fut ordonné des diminutions fur les Louis d'Or & les Ecus fabriqués en 1709. Sçavoir ;

Au premier Decembre 1713, les Louis d'Or à . . . . 19 | 10

Les Ecus à . . . . 4 | 17 | 6

Au premier Fevrier 1714. les Louis d'Or à 19

Les Ecus à . . . . 4 | 15

Les demis, quarts, dixiêmes &c. à proportion.

Par Arrêt du 24. Mars 1714. il fut ordonné qu'à commencer au trente Avril enfuivant les pieces de trente deniers ne feroient plus reçûes que pour . . . . 2 | 3

Les fols de dixhuit deniers, appellés fols marqués, pour . 1 | 5

☞ *Nota que par Arrêt du 24. Mars 1714. conformement à celui de Janvier, il fut fait deffenfe d'expofer les Efpeces de billon, qu'en détail, & plus d'un trentiême dans les payemens audeffus de dix liv. à peine de 3000. liv. d'amende.*

Par Arrêt du 30. Septembre 1713. les Louis d'Or & les Ecus de la fabrication de 1709. furent reduits, Sçavoir ;

Au premier Avril 1714. les Louis furent reduits à . . 18 | 10

Les Ecus à . . . . 4 | 12 | 6

Les diminutions à proportion.

Au premier Juin lefdits Louis furent reduits à 18

Les Ecus à . . . . 4 | 10

Les diminutions à proportion.

Au premier Septembre fuivant ledit Arrêt les Louis d'or fuient reduits à 17

Les Ecus à . . . . 4 | 5

Les demis, quarts &c. à proportion

☞ *Nota que la diminution, qui par l'Arrêt du 30. Septembre 1713. avoit été indiquée pour Decembre, fut partagée par moitié; fçavoir au quinze Octobre & au premier Decembre 1713. l'Arrêt du 30. Septembre eut fon effet pour le refte.*

Par Arrêt du 15. Août 1714. les Louis d'Or eurent cours au quinze Octobre enfuivant pour . . . . 16 | 10

Les Ecus pour . . . . 4 | 2 | 6

Et au premier Decembre le prix defd. Louis fut fixé à . . 16

Et celui des Ecus à 4

Par Arrêt du 8. Decembre 1714. il y eut quatre diminutions ;   Sçavoir ;

Au premier Fevrier 1715. le Louis d'Or fut fixé à . . 15 | 10

l'Ecu à . . . . 3 | 17 | 6

Au premier Avril enfuivant, le Louis à 15

l'Ecu à . . . . 3 | 15

Au premier Juin les Louis d'Or à . . . . 14 | 10

Les Ecus à . . . . 3 | 12 | 6

Et au premier Août les Louis à 14

Les Ecus à . . . . 3 | 10

La diminution indiquée par l'Arrêt du 23. Juillet 1715. pour le premier Août, n'eut fon execution que le premier Septembre enfuivant.

Par Arrêt du 12. Octobre 1715. les pieces de 24. deniers fûrent reduites à . . . . 1 | 9

Les Douzains à . . . . 1 | 3

Par Edit du mois de Decembre 1715. il fut ordonné

une réforme des Efpeces, fabriquées en confequence de l'Edit du mois de Mai 1709.

Les nouvelles Efpeces eurent cours dés ledit mois, Sçavoir; les Louis d'Or pour 20

Les Ecus pour 5

Les Efpeces non reformées eurent cours; fcavoir;

Les Louis d'Or pour . . . . , ... 16

Les Ecus pour 4

Par Edit du mois de Novembre 1716. le Roi ordonna une nouvelle fabrication des Efpeces d'Or, qui par fon Edit ne devoit être fabriquées qu'à l'Hôtel de la Monoye de Paris. Il y eut un Arrêt qui permit cette fabrication dans les Monnoyes du Royaume; lefdits Louis d'Or étoient de 20. au marc & eurent cours pour 30

Par le même Edit il fut indiqué des diminutions fur les Ecus non reformés; fçavoir au premier Janvier 1717.

Les Ecus pour . . . . 3 | 18   9

Les demis, quarts & douziémes à proportion.

Au premier Fevrier 1717. les Ecus non reformés . . . 3 | 15

Le premier Mars enfuivant les Ecus non reformés pour . . . 3 | 10

Par Arrêt du 30. Janvier 1717. les Louis d'or de 20. liv. qui étoient de 30. au marc, furent decriés pour Paris & autres lieux au 15. Fevrier, & à la Monnoye au quinze Mars, par differents Arrêts; le cours en fut prorogé.

Par Arrêts; Sçavoir, du 5. jufqu'à la fin. Par Arrêt du 5. Avril jufqu'à la fin dudit mois. Par Arrêt du 24. Avril pour la prorogation dans les Bureaux de Sa Majefté & à la Monnoye, jufqu'à la fin de Juin.

Par l'Arrêt du 5. Mars 1717. la diminution qui avoit été indiquée pour le premier Fevrier, fur lefdites Efpeces non reformées fut differée pour le premier de Mai.

Par Arrêt du 24. Avril 1717. la diminution indiquée par l'Arrêt du 5. Mars, pour le premier Mai, fut prorogée

jufqu'au premier Juillet, auquel jour les Ecus à reformer
devoient avoir cours pour . . . .   3 | 1 5
   Au premier Octobre pour . . . .   3 | 1 0

Par l'Arrêt du 19. Juin 1717. il y eut une prorogation
jufqu'au premier Septembre enfuivant.

Par l'Arrêt du 31. Août 1717. il y eut une prorogation
jufqu'au premier Decembre audit an.

Par l'Arrêt du 27. Octobre 1717. il y eut une prorogation jufqu'au premier Fevrier 1718.

Par l'Arrêt du 22. Janvier 1718. la diminution indiquée
pour le premier Fevrier, fut ordonnée pour le 1. Juin.

Par Arrêt du 12 Février 1718. il fut permis de porter
aux Hôtels des Monoyes les efpeces non reformées avec des
Billets d'Etat, ou des Receveurs Generaux jufqu'à la concu-
rence d'un fixiême.

Par Arrêt du 26. Février 1718. les Louis d'Or fabriqués & reformés, de 30. au marc devoient être reçûs dans
les Bureaux de Sa Majefté feulemeut jufqu'au premier
Avril : fçavoir les Louis d'Or pour 1 8
   Les Ecus non reformés pour . . . . . . , .   4 | 1 0
Les demis, quarts &c. à proportion.

Par Arrêt du 19 Mars 1718. les anciennes Efpeces d'Or
& d'Argent non reformées, continueront d'être reçûes dans
les Hôtels de Monoye jufqu'au premier Juin avec un cinquième enfus de Billets d'Etat ou des Receveurs Generaux.

Par Arrêt du 6. Mai 1618, la permiffion de porter un
cinquième enfus des Billets d'Etats &c. fut prorogé jufqu'à
la fin de Juillet.

Par Arrêt du 19. Mars & 19. Mai 1718, les Efpeces
non reformées devoient être reçûes à la piece, pendant les
mois d'Avril, Mai, Juin & Juillet, pour toutes les Impofitions
& Droits de Sa Majefté, fur le pied fixé par l'Arrêt du 26.
Février 1718. *Voyez ci - deffus.*

Par Edit du mois de Mai 1718. il fut ordonné une refonte generale, les Louis furent de 25. au marc, & les Ecus de 10 au marc. Et eurent cours : fçavoir ;

Les Louis pour	36		
Les Ecus pour	6		
De toutes les anciennes Efpeces d'Or & d'Argent fçavoir ;			
Les Louis fabriqués par Edit de 9bre 1716. pour	36		
Les Louis de 30. au marc, fabriqués par Edit du mois de Mai 1709. & Decembre 1715. pour	24		
Les anciens Louis d'Or de 36. un quart au marc pour . .	19	12	
Les Ecus de 8. au marc pour	6		
Ceux de 9. au marc pour	5	6	
Les fols marqués pour		1	6
Les pieces de 20. deniers pour		2	3

Par Arrêt du 20. Août 1718. les Efpeces d'Or à reformer furent décriées de tous cours ; celles d'Argent pendant le mois de Septembre ; permis de porter les anciennes Efpeces de 8. au marc aux Hôtels de Monnoyes fur le pied de fix livres l'Ecu, fans billet de l'Etat.

Par Arrêt du 20. Septembre 1718. les Ecus de 8. au marc eurent cours pendant le mois d'Octobre pour . . . 6

Et les Ecus de 9. au marc decriés ; permis de les porter à la Monnoye.

Par Arrêt du 20. Octobre 1718. Les Ecus de 8. au marc furent decriés ; permis de les remettre aux Bureaux du Roi, les demis quarts &c. eurent cours dans le public pendant le mois de Novembre.

Par Arrêt du 20. Novembre 1718. les Ecus de 9. au marc furent decriés également ; les demis quarts &c. d'Ecus de 8. au marc, eurent cours pendant Decembre fur le même pied.

Par Arrêt du 19. Decembre 1718. les demis quarts &c. eurent cours pendant Janvier fur le pied porté par l'Arrêt du 20 Septembre.

Par Edit du mois de Mai 1719. il fut fabriqué de pieces de 20. fols & de dix fols.

Par autre Edit de Mai 1719. il fut fabriqué des pieces de douze deniers & de fix deniers.

Par Edit de Juillet 1719. il fut fabriqué des pieces de 3. deniers.

Par Arrêt du 7. Mai 1719. les Louis de 25. au marc de la nouvelle fabrication, diminuerent le 10. dudit mois de 20. fols & eurent cours à 35

Par Arrêt du 23. Juillet 1719. le 2. Août enfuivant les Louis furent reduits à 34

Par Arrêt du 23. Septembre 1719. le Louis de 25. au marc fut reduit le 28. Septembre jufqu'au 8. Decembre enfuivant à 33
l'Ecu de 10. au marc à . . . . 5　16

Par Arrêt du 3. Decembre 1719. les Louis d'Or de 25. au marc, depuis le 8. Decembre enfuivant jufqu'au premier Janvier 1720. eurent cours pour 32
Les Ecus de dix au marc, pour . . . . 5　12

Le premier Janvier 1720. jufqu'au 26. du même mois les Louis de 25. au marc eurent cours pour 31
Les Ecus de 10. au marc, pour . . . . 5　8

Par Arrêt du 10. Decembre 1719. les pieces de 20. fols & de dix fols, fabriquées par Edit de Mai 1719. eurent cours : Sçavoir ; Les pieces de 20. fols pour . . . 18
Les pieces de 10. fols pour 9

Par Edit de Decembre 1719, il fut fabriqué des pieces d'Argent fin, qui furent appellées Louis d'Argent, & qui eurent cours pour 1

Par Arrêt du 22. Janvier 1720. les Efpeces ont eu cours depuis le 27. dudit mois jufqu'au 2. Fevrier : Sçavoir ;

Les Louis d'Or de 25. au marc pour	36		
De 20. au marc pour	45		
Ceux de 30. au marc pour	30		
Ceux de 36. un quart au marc pour	24	12	
Les Ecus de 10. au marc pour	6		
Les Ecus de 8. au marc pour . , ...	7	10	
Les anciens Ecus des precedentes fabrications ou de 9. au marc pour	6	13	4

Par Arrêt du 3. Fevrier les pieces de 20. fols & de 10. fols eurent cours depuis le 27. Janvier jufqu'au 12. Mars, fçavoir ; les pieces de 20. fols pour . . . . . .

Mars, fçavoir ; les pieces de 20. fols pour	1		
Les pieces de 10. fols pour		10	

Arrêt du 28. 31. Janvier & 3. Fevrier 1720. jufqu'au premiers Mars les Efpeces furent reduites fçavoir :

Les Louis de 25. au marc à	34		
Les Louis de 20. au marc à	42	10	
Ceux de 30. au marc à	28	6	8
Ceux de 36. un quart au marc à	23	9	
Les Ecus de 10. au marc à	5	13	6
Les Ecus de 8. au marc à	7	1	8
Les Ecus de 9. au marc à	6	6	

Dans les Monnoyes le marc d'Or à . . . . 900. liv.
Le marc d'Argent à . . . . 60. liv.

Permis à la Compagnie des Indes de faire des vifites dans les Maifons, même Royales, à commencer au 20. Fevrier 1720, pour confifquer toutes les Efpeces à l'exception des Sixiémes, & douziémes d'Ecus & liv. d'argent.

Par

Par Arrêt du 25. Février 1720. les Especes eurent cours depuis le 2. Mars jusqu'au 10. Sçavoir ;

Les Louis d'Or de 25. au Marc pour	36		
Les Louis de 20. au marc pour	45		
Les Louis de 30. au marc pour	30		
Les Louis de 36. un quart au marc pour	24	12	
L'Ecu de 10. au marc pour	6		
L'Ecu de 8. au marc pour	7	10	
L'Ecu de 9. au marc pour	6	13	4
Les pieces de 30. deniers pour		3	
Les sols marqués pour		2	
Les sols de billon pour		2	
Les demis quarts, &c. à proportion.			

☞ *Nota que par l'Arrêt du 23. Février 1720. il fût fait défences d'avoir plus de 500. livres chés soi.*

Par Arrêt du 5. Mars 1720. les Especes eurent cours depuis le 10. jusqu'à la fin dudit mois. Sçavoir ;

Le Louis de 25. au marc pour	48		
Le Louis de 20. au marc pour	60		
Le Louis de 30. au marc pour	40		
Le Louis de 36. un quart au marc pour	32	16	
L'Ecu de 10. au marc pour	8		
L'Ecu de 8. au marc pour	10		
L'Ecu de 9. au marc pour	8	17	9
Les sixiémes d'Ecus pour	1	10	
Les livres d'argent pour	1	10	
Les douizémes d'Ecus pour		15	

Par la Declaration du 11. Mars 1720. les Especes furent reduites le 1. Avril ensuivant. Sçavoir ;

Le Louis d'or de 25. au marc à	36	
Celui de 20. au marc à	45	
Celui de 30. au marc à	30	
Celui de 36. un quart au marc à	24	12

Le marc d'Or reduit à . . . . 900. liv.
Et le marc d'Argent à . . . . 60. liv.
Les Especes d'or interdites dans le Commerce,
permis de les porter dans le mois d'Avril seulement à la Monnoye à raison du marc de . . . 750. liv.

	liv.	sols	den.
Et les Ecus de 10. au marc à	7		
Les demis, quarts, &c. à proportion.			
Ceux de 8. au marc à	8	15	
Les demis, quarts, &c. à proportion.			
Ceux de 9. au marc à	7	15	
Les demis, quarts &c. à proportion.			
Pendant le mois de Mai, les Especes, suivant ladite Declaration du 11. Mars eurent cours: Sçavoir;			
L'Ecu de 10. au marc pour	6	10	
Celui de 8. au marc pour	8	2	6
Celui de neuf au marc pour	7	4	
Les pieces de 20. sols & les Livres d'argent pour . . .	1	7	6
Les pieces de dix sols pour		13	9
Pendant Juin les Especes suivant ladite Declaration du 11. Mars eurent cours : Sçavoir;			
L'Ecu de 10. au marc pour	6		
L'Ecu de huit au marc pour	7	10	
L'Ecu de neuf au marc pour	6	13	4
Les pieces de 20. sols & les Livres d'argent	1	5	
Les pieces de dix sols.		12	6
Par Edit du mois de Mars 1720. il fut ordonné une fabrication de Louis d'argent pour 3. livres qui commencerent à diminuer au 1. Mai; & n'eurent cours que pour . .	2	15	
Par Arrêt du 29. Mai 1720. les Especes eurent cours à commencer du jour de la publication jusqu'à la fin de Juin. Sçavoir;			
Le Louis de vingt-cinq au marc pour	49	10	
Celui de vingt au marc pour	61	17	6
Celui de trente au marc pour	41	5	
Celui de trente-six un quart au marc pour	33	16	

L'Ecu de dix au marc pour	8	5	
L'Ecu de huit au marc pour	10	6	
L'Ecu de neuf au marc pour	9	2	
Les pieces de vingt sols & les Livres d'argent pour . . .	1	7	6
Les pieces de dix sols pour		13	9

☞ *Nota que par Arrêt du* 1. *Juin* 1720. *il fut permis d'avoir chez soi de l'Argent au dessus de* 500. *livres.*

Par Arrêt du 10. Juin 1720. les Especes furent reduites à commencer au 1. Juillet jusqu'au 16. dud. mois. Sçavoir ;

Le Louis de vingt-cinq au marc à	45		
Celui de vingt au marc à	56	5	
Celui de trente au marc à	37	10	
Celui de trente-six un quart au marc à	30	15	
L'Ecu de dix au marc à	7	10	
L'Ecu de huit au marc à	9	7	6
L'Ecu de neuf au marc à	8	6	
Le Louis d'argent à	2	10	
Les livres d'argent & sixiémes d'Ecu à	1	5	
Les douziémes d'Ecu à		12	6

Le 16. de Juillet les especes furent reduites,
Sçavoir ;

Le Louis de vingt-cinq au marc à	40	10	
Celui de vingt au marc à	50	12	
Celui de trente au marc à	33	15	
Celui de trente-six un quart au marc à	27	12	
L'Ecu de dix au marc à	6	15	
L'Ecu de huit au marc à	8	8	9
L'Ecu de neuf au marc à	7	10	
Le Louis d'argent à	2	5	
Les livres d'argent & douziémes d'Ecus à	1	2	6
Les pieces de dix sols à		11	3

☞ *Nota que depuis le* 1. *d'Août jusqu'au* 2. *seulement les Especes d'or & d'argent furent décriées, à l'exception des Louis d'argent, Livres d'argent, sixiémes & douziémes d'Ecus.*

Par Arrêt du 30. Juillet 1720. les Efpeces d'or & d'argent furent remifes & eurent cours le 2. Août.

Sçavoir ;

	l.	s.	d.
Les Louis d'or de vingt-cinq au marc pour	72		
Ceux de 20. au marc pour	90		
Ceux de 30. au marc pour	60		
Ceux de 36. un quart au marc pour	49	12	
Les Ecus de 10. au marc pour	12		
Les demis quarts, &c. à proportion.			
Les Ecus de huit au marc pour	15		
Les demis quarts, &c. à proportion.			
Les Ecus de neuf au marc pour	13	6	8
Les Louis d'argent	4		
Les Livres d'argent & fixiémes d'Ecus pour	2		
Les demis pour	1		

Par Arrêt du trente-un Juillet mil fept cens vingt, les
pieces de trois fols ont eu cours pour . . . .

	l.	s.	d.
Par Arrêt du trente-un Juillet... pieces de trois fols ont eu cours pour		5	
Les Pieces de Billon ou fols marqués pour		3	6
Les fols de cuivre		2	8
Les pieces de deux liards pour		1	4
Les liards pour			8

Par l'Arrêt ci-deffus du trente Juillet il fût indiqué des
diminutions fur les efpeces, à commencer au premier Septembre. Sçavoir ;

	l.	s.	d.
Les Louis de vingt-cinq au marc à	63		
Ceux de vingt au marc à	78	15	
Ceux de trente au marc à	52	10	
Ceux de trente-fix un quart au marc à	43	8	
Les Ecus de dix au marc à	10	10	
Ceux de huit au marc à	13	2	6
Ceux de neuf au marc à	11	13	4
Les Louis d'argent à	3	10	
Les Livres d'argent & fixiémes d'Ecus à	1	15	
Les demis à		17	6

Au seiziéme Septembre.

	l.	s.	d.
Les Louis de vingt-cinq au marc à	54		
Ceux de vingt au marc à	67	10	
Ceux de trente au marc à	45		
Ceux de trente-six un quart au marc à	37	4	
Les Ecus de dix au marc à	9		
Ceux de huit au marc à	11	5	
Ceux de neuf au marc à	10		
Les Louis d'argent à	3		
Les livres d'argent & sixiémes d'Ecus à	1	10	
Les dèmis à		15	

Au premier Octobre.

	l.	s.	d.
Les Louis de vingt-cinq au marc à	45		
Les Louis de vingt au marc à	56	5	
Les Louis de trente au marc à	37	10	
Ceux de trente-six un quart au marc à	31		
Les Ecus de dix au marc à	7	10	
Ceux de huit au marc à	9	7	6
Ceux de neuf au marc à	8	6	8
Les Louis d'argent à	2	10	
Les livres d'argent & sixiémes d'Ecus à	1	5	
Les demis à		12	6

Par Arrêt du vingt-un Septembre mil sept cens vingt, les pieces de cinq sols ont été reduites à . . . . : **3** — **9**

	s.	d.
Par Arrêt du vingt-un Septembre mil sept cens vingt, les pieces de cinq sols ont été reduites à	3	9
Les sols marqués à	2	8
Les sols de cuivre à	2	
Les demis à	1	
Les liards à		6

Par Edit du 30. Septembre 1720. il fut ordonné que les Louis de vingt-cinq au marc seroient reformés & auroient cours pour **54**

Les Ecus de dix au marc furent reformés & eurent cours pour **9**

Les Louis d'argent reformés pour **3**

Les demis, tiers &c. à proportion.

Par Arrêt du 24. Octobre 1720. les diminutions indiquées pour le premier de Novembre, n'eurent lieu qu'au premier Decembre, auquel jour les anciennes & nouvelles efpeces ont été reduites, Sçavoir ;

	l.	s.	d.
Les anciens Louis d'or de vingt-cinq au marc à . . .	36		
Ceux de vingt au marc à	45		
Ceux de trente au marc à	30		
Ceux de trente-fix un quart au marc à	24	12	
Les anciens Ecus de dix au marc à	6		
Ceux de huit au marc à	7	10	
Ceux de neuf au marc à	6	13	4
Les Louis d'argent à	2		
Livres d'argent & fixiémes d'Ecus à	1		
Les pieces de dix fols à		10	

Les efpeces fabriquées en confequence de l'Edit de 1720. ont diminué & ont été réduites le premier Decembre , Sçavoir ;

	l.	s.	d.
Le Louis d'or à deux L , à	45		
L'Ecu de neuf au marc à	7	10	
Le Louis d'argent à	2	10	

Par Arrêt des 18. & 24. Novembre 1720. les pieces de cinq fols fûrent reduites ledit jour à . . . .

	s.	d.
cinq fols fûrent reduites ledit jour à	3	
Les fols marqués à	2	3
Les fols de cuivre à	1	8
Les demis & pieces de deux liards à		10
Les quarts & liards à		5

Par Arrêt du 30. Avril 1721. les fols de cuivre furent reduits à . . . .

	s.	d.
reduits à	1	6
Les demis fols de cuivre à		9
Les quarts & liards, du jour de la publicaton, à		4 ½

Par Arrêt du 3. Juin 1721. les fols ou douzains furent reduits à . . . .

	s.	d.
reduits à	2	1

Par Arrêt du 5. Août 1721. les sols furent reduits à . . | 1 | 4
Les demis sols à . . . . | | 8
Les liards de France à . . . . | | 4

☞ *Nota que par l'Arrêt du 16. Août 1721 les matieres d'or & d'argent seroient reçûes à la Monnoye pendant le reste de l'année, sur le pied fixé par l'Arrèt du 24. Octobre 1720. & évaluations faites en consequences.*

Par Arrêt du 21. Juillet 1723. les Louis d'or fabriqués en consequence de l'Edit de Septembre 1720. qui ont cours pour 45. livres, sont reduits à . . . . | 44
Les doubles & demis à proportion.
Les pieces de vingt-cinq deniers à . . . . | | 2

☞ *Nota que les Especes d'Or & d'Argent continuerent d'avoir cours comme ci-devant, voulant dire comme en Septembre 1720. & reglé par Arrêt du 24. Octobre auparavant, qui jusqu'ici continuent encore sur le même pied.*
Les Mousquetaires à . . . . | 3
Les Liards à . . . . | | 4

☞ *Nota que les matieres d'Or & d'Argent non reformées seront reçûes aux Hôtels des Monnoyes avec un huitiême de liquidation & un septiéme d'Especes vielles à raison de 900. livres le marc d'Or, & de 60. livres le marc d'Argent.*
Les Louis de 25. au marc à croix de malthe à . . . | 36
L'Ecu aux armes de Navarre à . . . . | 6
Les demis, quarts &c. à proportion.

☞ *Nota qu'à l'égard de ceux qui porteroient des matieres d'Or & d'Argent sans certificats de liquidation, ils seroient payés à raison de 945. livres du marc des anciens Louis d'Or à convertir, & de 63. livres des anciens Ecus aussi à convertir.*
Que les Louis fabriqués au mois de Mai 1718. de 25.

au marc y seroient reçûs à . . . . 37 | 16
Et les Ecus de 10. au marc, aussi dudit mois de Mai
1718. y seroient reçûs à . . . . 6 | 6

☞ *Nota que par l'Arrêt du 2. Août 1723. les anciennes Espe-*
ce d'Or & d'Argent à convertir, seront reçûes à l'Hôtel des
Monnoyes sans certificats de liquidation, sur le pied fixé par
les Arrêts des 24. Octobre & 26. Decembre 1720. Sçavoir;
Les Louis d'or à reformer à . . . . 37 | 16
Les Ecus aux armes Navarre à . . . . 6 | 6
Les demis, quarts &c. à proportion.

    Marc d'Or à . . . . 945. livres.
    Marc d'Argent à . . . . 63. livres.

☞ *Nota qu'il fût fait défense par ledit Arrêt de tenir des*
vieilles especes chez soi, sous peine de confiscation & de
3000. livres d'amende.

☞ *Nota que par Arrêt du 5. Août 1723. les Louis d'Or*
fabriqués en consequence de l'Edit de Septembre 1720.
fûrent reçûs dans les payemens à 7. deniers 16. grains tré-
buchant ; qu'à 7. deniers 15. grains trébuchant, ils y étoient
reçûs sans diminution ; mais qu'à sept deniers 14. grains tré-
buchant, ils avoient seulement cours pour 44. livres, don-
nant 5. sols pour le foiblage ; que ceux de moindre poids
étoient hors de cours.

    Marc d'Or à . . . . 900. livres.
    Marc d'Argent à . . . . 60. livres.

Par Edit du 20. Août 1723. il fût ordonné qu'il seroit
fabriqué des Louis de 37. & demi au marc, qui eurent
cours pour 27
Doubles & demis à proportion.

Que les Ecus de Septembre 1720. fabriqués du même
poids & titre que ceux du mois de Mai 1718. qui avoient
cours pour 7. livres dix sols furent reduits à . . . . . 6 | 18
Les tiers, demis &c. à proportion.

Le

Le même Edit donne cours aux Ecus de dix au marc non reformés, qui avoient feulement cours dans le public pour fix livres, à être reçûs auffi dans le Commerce à . . . . 6 | 18

Les demis, tiers &c. à proportion.

Que les Louis d'Or de 7. deniers 15. grains trébuchant foient reçûs dans le Commerce feulement pour . . . 39 | 12

Les Louis de 7. den. 14. grains trébuchant pour . . 39 | 7

Les demis à proportion ; & ce jufqu'au premier Decembre, puis decriés & hors de cours

Prix de l'Or & de l'Argent porté à la Monnoye & au Change.

Marc d'Or . . 997. liv.   les 4. den. deduit . 980.l. 7.f. 8. d.
Marc d'argent. . 68. liv.   Au Change . . . 66.l. 17f. 4. d.
Patacons . . . . 62. liv. 1. f.   Au Change . . . 60.l.

L'Arrêt du 30. Novembre 1723. donne cours aux Efpeces à proportion de fix livres dix-huit fols l'Ecu . . . 6 | 18

Les demis, tiers &c. à proportion.

L'Arrêt du 4. Fevrier 1724. regle les Efpeces pour les Monnoyes.   Sçavoir ;

Le Marc d'Or . . . . 965. l. 9. f. 1. d. $\frac{1}{11}$
Les Leopolds ou Guinés d'Angleterre
ou Piftoles d'Efpagne . . . . , . . . 885. l.
Piftoles neuves du Perou . . . . . . 869. l. 18. f. 3. d.
   Marc d'Argent-fin . . . . 61. l. 8. f. 4. d.
Celui des Ecus fabriqués ou reformés. 66. l. 0. f. 0. d.

Par Arrêt du 4. Février 1724. les Louis de trente-fept & demi au marc furent reduits de 27. livres à 24

Les Ecus de 10. au marc de 6. liv. 18. à . . . . . . 6 | 3

Les demis quarts, &c. à proportion.

Les autres matieres d'Or & d'Argent auffi à proportion de leur titre.

   Marc d'Or à . . . . 885. l.
   Marc d'Argent à . . . . 60. l. 10. f.

D

☞ *En consequence de quoi , nonobstant les deffences faites par les Arrêts & Declarations du Roi , le Public fit avoir cours aux Especes suivantes dans le Commerce :*
Sçavoir ;

	l.	s.	d.
Les Louis de 1716. de 20. au marc pour	46	2	6
Les Louis de 1718. & 1720. de 25. au marc pour . . .	35	3	
Les Louis de 1707. & 1715. de 30. au marc pour	30		
Louis vieux de 36. & 1. quart au marc pour	24		
L'Ecu de 8. au marc de 1709. & 1715. pour	7	13	9
L'Ecu vieux de 9. au marc à	6	5	
L'Ecu de 10. au marc comme par l'Arrêt à	6	3	
Les Demis , tiers &c. à proportion.			

Par Arrêt du 27. Mars 1724. les Louis de 37. & demi au marc ont été reduits à 20

Les Ecus de 10. au marc à 5

Les demis, tiers , &c. à proportion.

> Marc d'Or à . . . . 735. livres.
> Marc d'Argent à . . . . 49. livres.

☞ *En consequence de quoi , nonobstant les deffenses faites par les Arrêts & Declarations du Roi , le Public fit avoir cours aux Especes suivantes dans le Commerce :*
Sçavoir ;

	l.	s.	d.
Les Louis de 20. au marc pour	36	15	
Ceux de 25. au marc pour	29	3	
Ceux de 30. au marc pour	24	10	
Ceux de 36. un quart au marc pour	20	5	6
Les Ecus de 8. au marc pour	6	5	
Ceux de 9. au marc pour	5	10	
Ceux de 10. au marc pour	5		
Les Demis, tiers &c. à proportion.			
Les Pieces de 3. sols pour		2	3
Les Douzains pour		1	6
Les Liards pour			3

Par Arrêt du 22. Septembre 1724. les Louis de 37. & demi au marc furent reduits de vingt livres à 16

Les doubles & demis à proportion.

Les Ecus de dix au marc de cinq livres à 4

Les demis, quarts &c. à proportion.

☞ *Nota que les Louis & les Ecus des anciennes fabrications furent reçûs à l'Hôtel des Monnoyes sur le pied d'un cinquiéme de diminution du prix reglé par l'Arrêt du 27. Mars dernier, & les autres matieres d'or & d'argent à proportion du marc porté par ledit Arrêt du 27. Mars. Sçavoir ;*

Marc d'Or à . . . . 725. livres.
Marc d'Agent à . . . . 49. livres.

☞ *En consequence de quoi, nonobstant les défenses faites par les Arrêts & Declarations du Roi, le Public fit avoir cours aux Especes suivantes dans le Commerce :*
          Sçavoir ;

Les Louis de 20. au marc pour 30

Ceux de 25. au marc pour . . . . 23 | 10

Ceux de 30. au marc pour 20

Ceux de 36. un quart au marc pour . . . . 17 | 5

L'Ecu de 8. au marc pour 5

L'Ecu de 9. au marc pour . . . . 4 | 3

Par Edit du 26. 7bre 1724. il fut ordonné la fabrication des Ecus de 10. un quart au marc, qui eurent cours pour . . 4

Les quarts, dixiémes à proportion.

Par Arrêt du 16. Janvier 1725. il y eût une prorogation sur le cours des Ecus de 10. au marc jusqu'au mois de Mai, sur le prix de 4

Les demis &c. à proportion.

Et au premier Mai ils furent decriés de tout cours & mises, conformément à l'Edit de Septembre 1724. & ne furent plus reçûs qu'au poids dans les Hôtels des Monnoyes.

L'Arrêt du 24. Juillet 1725. donne cours aux Ecus de 10. au marc, fabriqués ou reformés par les Edits de Mai 1718. & Septembre 1720. jusqu'au premier Novembre sur le pied de   4
Les tiers, sixiémes &c. à proportion.

Par Arrêt du 4. Decembre 1725. les Louis d'or de 37. & demi au marc, & les Ecus de 10. & de 10. un quart au marc qui ont actuellement cours dans le Public pour 4. liv. sont reduits pour le premier Janvier prochain : Sçavoir ;
Les Louis de 37. & demi au marc de 16. livres à . . .   14
Doubles & demis à proportion.
Les Ecus de 10. & de 10. un quart au marc de 4. liv. à . .   3   10
Les demis, tiers & quarts &c. à proportion.

Le Marc d'Or fin à . . . . 561. l.   5. f.   5. d.   5/17
Celui des Louis décriés, des Pistoles d'Espagne, des Millerets & Guinés d'Angleterre à . . . . 514. l.   10. f.

Marc d'Argent fin à . . . . . 38. l.   17. f.
Celui des Ecus de France decriés, des Piastres & Reaux d'Espagne & les Ecus d'Angleterre à . . . . 35. l.   12. f.   3. d.

Le même Arrêt indique une diminution sur les especes susdites au premier Fevrier ensuivant. Sçavoir ;
Les Louis de 37. & demi au marc, de 14. liv. reduits à . .   12
Doubles, demis &c. à proportion.
Ecus de 10. & de 10. un quart au marc de 3. liv. 10. à . . .   3
Les demis, tiers, quarts &c. à proportion.

Marc d'Or fin à . . . . 481. l.   1. f.   9. d.   9/17
Celui des Louis decriés, des Pistoles d'Espagne, des Millerets & Guinés d'Angleterre à . . . . 441. l.
Marc d'Argent fin à . . . . . . 33. l.   6. f.
Celui des Ecus de France decriés, des Piastres & Reaux d'Espagne & les Ecus d'Angleterre à . . . . 30. l.   10. f.   6. d.

Par Edit du mois de Janvier 1726. il est ordonné une nouvelle fabrication des especes d'or & d'argent : Sçavoir :

Des Louis d'or neuf au titre de vingt-deux Karats, & à la taille de trente au marc ; à l'Empreinte des Armes de France & de Navarre en deux Ecussons separés, & une Couronne au milieu, lesquels auront cours pour 20

Les doubles & les demis à proportion.

Des Ecus de onze deniers de fin, à la taille de huit & trois dixiémes au marc ; à l'Empreinte de trois Fleurs de Lys dans un Ecusson couronné, & une Palme à deux côtés, lesquels auront cours pour 5

Les demis, cinquiémes, dixiémes & vingtiémes à proportion.

Le même Edit ordonne que toutes les anciennes especes d'or & d'argent, tant de la fabrique de France, que des Pays étrangers, seront decriés de tout cours, à commencer du jour de la publication du present Edit ; lesquelles especes seront portées aux Hôtels des Monnoyes, & y seront reçûes jusqu'au dernier Avril prochain.

Sçavoir ;

Marc d'Or fin à . . . . , 536. l. 14. s. 6. d. $\frac{6}{11}$
Celui des Louis, Pistoles d'Espagne,
Millerets de Portugal & Guinés d'Angleterre à . . . . 492. l.

Marc d'Argent fin à . , . . . 37. l. 1. s. 9. d. $\frac{9}{11}$
Celui des Ecus de France, d'Angleterre,
Piastres & Reaux d'Espagne à . . . 34. l.
Piastres du Mexique à . . . . . . 33. l. 16. s.

☞ *Nota.* 1°. *Qu'à commencer du premier jour de Mai prochain, lesdites anciennes especes ne seront plus payées dans les Hôtels des Monnoyes que sur le pied suivant.*

Sçavoir ;

Le marc d'Or fin à . . . . 529. l. 1. s. 9. d. $\frac{9}{11}$
Celui des Louis, Pistoles d'Espagne,
Millerets de Portugal & Guinés d'Angleterre à . . . . 485. l.

Marc d'Argent fin à . . . . . 36. l. 10. f. 10. d. $\frac{10}{11}$
Celui des Ecus de France, d'Angleterre,
Piaftres & Reaux d'Efpagne à . . . . . 33. l. 10. f.
Piaftres du Mexique à . . . . 33. l. 6. f.

2°. Qu'à commencer du premier Aoûst prochain, lefdites anciennes efpeces ne feront plus payées dans les Hôtels des Monnoyes que fur le pied fuivant :

Sçavoir ;

Le marc d'Or fin à . . . . 521. l. 9. f. 1. d. $\frac{1}{11}$
Celui des Louis, Piftoles d'Efpagne,
Millerets de Portugal & Guinés d'Angleterre à . . . . 478. l.

Marc d'Argent fin à . . . . . 36. l.
Celui des Ecus de France, d'Angleterre,
Piaftres & Reaux d'Efpagne à . . . 33. l.
Piaftres du Mexique à . . . . . . 32. l. 16. f.

3°. Qu'à commencer du premier Septembre prochain, lefdites anciennes efpeces ne feront plus payées dans les Hôtels des Monnoyes que fur le pied fuivant :

Sçavoir ;

Le marc d'Or fin à . . . . . . 506. l. 3. f. 7. d. $\frac{7}{11}$
Celui des Louis, Piftoles d'Efpagne,
Millerets de Portugal & Guinés d'Angleterre, à . . . . 464. l.

Marc d'Argent fin à . . . . . . 34. l. 18. f. 2. d. $\frac{2}{11}$
Celui des Ecus de France, d'Angleterre,
Piaftres & Reaux d'Efpagne à . . . . 32. l.
Piaftres du Mexique à . . . . . . 31. l. 15. f. 8. d.

Le même Edit donne cours dans le Commerce aux Louis de trente-fept & demi au marc, & les Ecus de la derniere fabrication, enfemble les Ecus de dix au marc, fabriqués ou réformés par Edit des mois de Mai 1718. & Septembre 1720. depuis le premier Février jufqu'au dernier Avril prochain.

Sçavoir ;
Lefdits Louis fur le pied de 12
Et les Ecus de la derniere fabrication pour 3

Paſſé ledit tems, ils feront auſſi decriés de tous cours, & feront reçûs aux Hôtels des Monnoyes fur le pied reglé du marc d'Or & de l'Argent ſpecifié ci-deſſus.

Par le même Edit, il eſt permis de porter les anciennes eſpeces d'or & d'argent aux Receveurs & Bureaux de Sa Majeſté pendant les mois de Fevrier, Mars & Avril, & feront reçûes fur le pied : Sçavoir ;

Les Louis fabriqués avant l'Edit de Mai 1709. du poids de 5. deniers 6. grains pour . . . . 13 | 7

Ceux des Edits de Mai 1709. & Decembre 1715. du poids de 6. deniers 9. grains pour . . . . 16 | 4

Ceux de Novembre 1716. du poids de 9. deniers 13. grains pour . . . . 24 | 6

Ceux des mois de Mai 1718. & Septembre 1720. du poids de 7. deniers 15. grains pour . . . . 19 | 8

Ceux de la derniere fabrication du poids de 5. deniers 2. grains pour . . . . 12 | 18

Les doubles & les demis à proportion.

Les Ecus fabriqués avant l'Edit de Mai 1709 du poids de 21. deniers pour . . . . 3 | 14

Ceux fabriqués en 1709. & 1715. du poids de 23. deniers dix-huit grains pour . . . . 4 | 3　　6

Ceux fabriqués en 1718. & 1720. du poids de 19. deniers pour . . . . 3 | 6

Et ceux de la derniere fabrication pour . . . . . 3 | 4

F I N

PERMISSION.

COmme ce petit Ouvrage contenant douze feuillets de Nous côtés & paraphés, peut être utile au Public, Nous en permettons l'Impreſſion. Donné à Saint Omer en Halle le troiſiéme Octobre mil ſept cens vingt-cinq.

LE COINGNE.